제5시조집

폭풍의 바다

신강우 시조시인

도서출판 조은

시인의 말

  나는 전남 고흥 반도의 중간에 있는 과역 면에서 태어났다. 우리 집에서 바다까지 4킬로미터가 넘었다. 그러니까 나는 바다를 모르고 살았다. 마을 뒤에 있는 산에 오르면 바다가 보였다. 그래서 바다를 보려고 가끔씩 산에 올랐다. 산에 오르면 보성만의 바다가 보였다. 푸른 바다가 나를 부르는 것 같았다.

  나는 가난하여 중학교도 겨우 다녔다. 두 형들이 시를 써서 자주 잡지에 투고했다. 그때마다 낙선하였다. 나는 형들이 침통한 마음을 달래느라 밤마다 부는 하모니카 소리를 자주 들었다. 꼭 형들이 우는 것 같았다. 우리 집에는 형들이 본 여러 문학 잡지가 있었다. 나는 자주 형들이 본 문학 잡지를 보았다. 나는 형들이 못 이룬 시인이 되고 싶었다. 그래서 중학교 때부터 시를 썼다. 형들이 본 문학 잡지를 보며 시가 무언가를 조금씩 알게 되었다. 형들은 나에게 실업계 고등학교를 가라고 했다. 나는 중학교 전교에서 언제나 3등을 했다. 광주에 있는 명문 고교에 갈 수 있는 실력이었다. 그때 광주고에서 육사에 많이 들어갔다. 나는 형들 몰래 인문계 광주고 입학시험에 합격하였다. 나는 형들에게 광주고를 졸업하면 육사에 간다고 했다. 그래서 형들의

허락을 받았다. 내가 중학교 1학년이었을 때 아버지가 돌아가시어 나의 모든 학비는 형들이 부담했다. 나는 광주고를 다니면서 시 하나에 집중했다. 돈이 없어 대학을 갈 수 없으니 다른 길이 없었다. 열심히 시를 써서 여기저기 잡지에 투고하였다. 그런데 가작이거나 낙선이었다. 그게 나의 능력이었다. 그렇게 3년을 낙엽처럼 보냈다.

광주고를 졸업하고 육군에 입대하여 3년 후 만기제대를 하고 집에서 쉬고 있으니 마을 사람들이 나를 비웃었다. 명문고를 졸업하고 빌빌거리고 있으니 그런 모양이었다. 그래서 나는 집을 어떻게 나가나 하고 이리저리 길을 찾았다. 그때 부산에 사는 작은형이 돈이 많다는 말을 들었다. 그래서 바로 부산에 갔다. 부산에서 작은형을 만나니 작은형은 빈 털털이었다.

그때 부산에서는 배를 타면 떼돈을 번다고 했다. 이리저리 알아보니 부산에 몇 군데 단기 과정의 학원이 있었다. 나는 운 좋게 국비의 1년 6개월짜리 양성소에 입소하여 항해사 면허를 취득하여 배를 탔다. 처음부터 심한 뱃멀미를 했다. 바다가 꼭 지옥과 같았다. 그러한 바다에서 시를 쓰는 게 불가능하다고 생각했다. 그래서 문학을 포기했다. 선장이 되는 길을 찾았다. 선장이 되려면 항해사 면허를 3단계 올려야 했다. 그래서 열심히 공부하여 선장이 될 수 있는 1급 항해사 면허를 취득하여 10년 만에 선장이 되었다.

선장이 되어 이리저리 둘러보니 아무것도 없었다. 그때 시가 떠올랐다. 시를 투고하여도 늘 낙선이었다. 그래서 시조도 같이 투고했다. 부산을 출항할 때 울리던 고동소리가 꼭 내 울음소리 같았다.

  명문의 시조잡지에서 내 시조가 당선되었다고 당선소감을 보내라고 했다. 이렇게 하여 나는 시인이 되었다. 배를 타면서 나는 열심히 습작하여 문예 잡지에 많이 투고했다. 등단하고 30년이 되어간다. 그러나 아직 내놓을 만한 시조가 한편도 없다. 부끄럽다. 배를 정년하고 10년이 되어간다. 이번 시조집은 배에서 정년하고 내는 처음의 시조집이다. 명작 하나 없는 졸작만의 시조집이다. 그러나 꿈을 가지고 열심히 해볼 생각이다.

신 강 우

서 문

신강우 시인의 제5시조집 발간을 진심으로 축하를 드립니다. 시인은 노력하는 시인으로 소설가로 소설을 쓰면서 시조집은 발간하게 되어 더욱 의미있는 시조집이라고 생각합니다.

우리 작가들이 글을 쓴다고 하지만, 그 글을 써서 한 권의 책을 발간하는 데는 많은 어려움이 따를 수 있습니다.

그러나 시인이 제5시조집을 발간하는 데는 본인이 겪었던 인생 항해를 바다에서 파도와 싸워가면서 생명유지를 했던 선장시절의 고난을 마음 깊은 곳에 숨겨놓았다가 끄집어내어 한 알의 열매를 맺어 가면서 엮은 책이기에 더욱 값진 시조집입니다.

시인은 고흥군 선배님으로 항상 후배를 아끼고 고향을 그리워하는 마음이 커, 고향 문학지인 고흥문학에도 끊임없는 협조를 하고 있습니다.

신강우 시인님의 건강과 행복을 빌며, 더 좋은 글많이 쓰시기를 기원하고, 이 시조집이 독자제현님들에게 많이 읽혀지기를 바래봅니다.

중구문인협회 초대회장 김화인
(상담학 박사)

차례

시인의 말 ················ 3
서문 ············· 6

제1부 | 폭풍의 바다 ··· 13

바다 1 ············· 14
바다 2 ············· 15
바다 3 ············· 16
바다 4 ············· 17
바다 5 ············· 18
바다 6 ············· 19
바다 7 ············· 20
바다 8 ············· 21
바다 9 ············· 22
폭풍의 바다 ················ 23

제2부 | 들국화 ··· 25

들국화 ················ 26
충주호 ················ 27
할머니 ················ 28
불　빛 ················ 29
한옥마을 ··················· 30
겨울 벌판 ··················· 31

탑골 공원 ·················· 32
반야봉 ···················· 33
크레인 1 ·················· 34
크레인 2 ·················· 35

제3부 | 수련 ··· 37

추 락 ···················· 38
저녁놀 ···················· 39
수 련 ···················· 40
원두막 ···················· 41
오솔길 ···················· 42
바 다 ···················· 43
개나리 ···················· 44
장미꽃 ···················· 45
제철소 ···················· 46
안 개 ···················· 47
수 련 ···················· 48

제4부 | 백마강 ··· 49

폭 포 ···················· 50
한 낮 ···················· 51
여름 숲 ··················· 52
백마강 ···················· 53
영안실 ···················· 54
자갈치 시장 ················ 55

폭　염 ················ 56
덕　담 ················ 57
여름 낮 ················ 58
덕수궁 오후 ················ 59

제5부 | 남한강 ··· 61

간월사 ················ 62
한　강 ················ 63
내장산 기행 ················ 64
판문점 가는 길 ················ 65
남한강 ················ 66
여강의 꽃 ················ 67
단원고 교문 ················ 68
임진각에서 ················ 69
강　설 ················ 70
맨드라미 ················ 71
남북이산가족 상봉 ················ 72

제6부 | 연등 ··· 73

평창올림픽 ················ 74
남한강에서 ················ 75
판문점의 침묵 ················ 76
지리산 ················ 77
할머니 ················ 78
여름 공원 ················ 79

담쟁이 넝쿨 ················ 80
연　등 ················ 81
단풍잎 ················ 82
갯마을 ················ 83
산　사 ················ 84

제7부 │ 거문고 독주 ··· 85

임진강 ················ 86
거문고 독주 ················ 87
만　남 ················ 88
휴전선 ················ 89
일　출 ················ 90
월하문학관에서 ················ 91
봄날에 ················ 92
봄비 1 ················ 93
봄비 2 ················ 94
과수원 ················ 95

제8부 │ 연지 공원 ··· 97

연지 공원 ················ 98
벚　꽃 ················ 99
이슬비 ················ 100
설　경 ················ 101
다산 공원 ················ 102
실바람 ················ 103

잔　설 ················ 104
내장사 ················ 105
겨울나무 ················ 106
강설 1 ················ 107
강설 2 ················ 108

제9부 | 망년 ··· 109

나　목 ················ 110
남　산 ················ 111
파　업 ················ 112
망　년 ················ 113
단풍잎 ················ 114
은행잎 1 ················ 115
은행잎 2 ················ 116
가로수 ················ 117
안개 1 ················ 118
소월로 ················ 119
코스모스 ················ 120

제10부 | 안개 ··· 121

청학 동 ················ 122
안개 2 ················ 123
등　불 ················ 124
겨울 추위 ················ 125
숲 1 ················ 126

나　무 ············· 127
무더위 ············· 128
접시꽃 ············· 129
가로수 ············· 130
숲 2 ············· 131
저녁노을 ················ 132

제11부 | 풍경 ··· 133

풍경 1 ············· 134
풍경 2 ············· 135
민들레 ············· 136
벚　꽃 ············· 137
새　싹 ············· 138
공　원 ············· 139
여　름 ············· 140
양재천 ············· 141
문산 역 ············· 142
거　리 ············· 143
꽃의 의미 ················ 144
종소리 ············· 145
빈 의자 ············· 146
과수원 ············· 147
강추위 ············· 148

〈시조평설〉
사나이, 바다를 걷다 / 김용채 ················ 149

제1부

폭풍의 바다

바다1

비릿한 텅 빈 가슴
두 눈을 부릅뜬다

모래밭 무성한
짠 메아리 잘라내고

함성을
터뜨리는 꿈
갈매기 설렌 가슴.

바다2

온몸에 상처가
난 사연이 앓아 댄다

안으로 담기느라
바람개비 돌린 언어

피 묻은
뼈의 메아리
그림자가 눈 뜬다.

바다3

가슴이 씻어준다
어부의 깊은 침묵

문명의 식성에
잃어간 푸른 생명

뽑히는
아우성 소리
하늘 끝에 닿는다.

바다4

흰 파도 눈망울에
반달이 웃어댄다

빈손이 끌고 가는
들판의 푸른 사랑

불타는
집시의 갈증
만 리 길을 넘는다.

바다5

하늘에서 신비 여는
손길이 빛난다

천길 속 비린 밀어
백조 고개 내민다

숨어서
석류로 익어
알알이 터진 사리.

바다6

밀려온다 사방에서
은어의 하얀 숨결

닦고 씻은 마음들을
꽃송이로 피우느라

산모의
처절한 아픔
긴긴 밤을 혼자 샌다.

바다 7

남국의 푸른 꿈이
아가미로 숨쉰다

무지개 꽃으로 핀
설레는 산호 손짓

천 년도
빛나는 육성
조금씩 드러낸다.

바다8

불빛들 뒤척이는
낮은 고요 밝힌다

갈매기 풀린 시름
혼자서 하늘 닿아

아직도
남은 만 리 길
살그머니 열어 본다.

바다9

파도의 젖은 입술
속삭임을 키운다

그림자 밟고 가고
저녁놀 살금살금

꿈으로
뜨는 초승달
몰래 숨어 웃고 있다.

폭풍의 바다

핏발 선 눈망울을 굴리는 이리떼들
달려든다 칼 들고 활 들고 사방에서
드러난 소녀의 순정 자꾸 찢어 씹어 댄다

허기를 못 참고 날뛰는 피의 식욕
천길 속 비린 순수 하얀 뼈 입에 물고
알몸을 드러낸 아우성 큰 깃발로 꽂는다

입을 굳게 다문 깊은 상처 곪아간다
빈 마음 뜨거운 신음의 사슬에 묶인
악녀의 피 묻은 웃음 긴 외줄에 내건다.

24 폭풍의 바다

제2부

들국화

들국화

사방에
흩날리는
메마른 갈대 속에

속 가슴
익은 사랑
뜨거움이 불탄다

기다림
얻어낸 웃음
순정의 씨 터뜨린다.

충주호

낚시꾼 굳은 침묵 물소리에 젖는다
덜 풀린 그림자 푸른 고요 풀어내고
뿌리가 깊은 전설이 혼자 연꽃 피운다

잔 파도 알몸으로 살금살금 기어온다
하늘을 가득 담은 법어를 입에 물고
조각달 꿈 익히느라 가슴이 빨개진다.

할머니

두 입술 부르튼 허리 휜 기다림이
웃음을 꺼내 들고 아직도 하얀 미련
거미줄 무수한 주름살 잃은 생기 찾는다

수없이 박힌 옹이 가시가 찔려 대도
마당에 혼자 서서 사슴의 긴 목 빼고
가까이 열린 하늘에 초승달을 띄운다.

불빛

밀어를 다 꺼내어
뜨건 맥박
굴린다

설레는 처녀 가슴
심장이
마구 뛴다

이제 막
잠 깬 고양이
발톱 잔뜩 세운다.

한옥마을

효도의 짙은 향기
잡힌다 물씬물씬

아낙네 수줍음이 사립문 서성댄다

티없는 남루의 고요
돌부처를 닮는다

흰옷으로 살아온
아름다운 그림자들

이끼 낀 골목마다 숨어서 손짓한다

하늘을 담고 키워온
마음이 넉넉하다.

※ 한옥 마을 : 함양에 있음.

겨울 벌판

포성이 길 막는다 서성이는 아지랑이
신음이 깊어가도 끊어진 허리 통증
농부는 땀방울 흘려 희망을 심어댄다

색깔의 벽에 갇혀 눈 감고 뒷길 가는
어둠을 먹고 커 살이 찐 고슴도치
베일 쓴 겨울기운을 입으로 내뱉는다

흙으로 크는 꿈은 언제나 눈 뜨려나
뿌리를 못 내리고 겨울만 빈손에 쥔
철새도 곁으로 돌다 가버린 죽음의 벌.

탑골 공원

햇빛이 빈 항아리 깊은 고요 맴돈다
주름진 야윈 얼굴 허기 반쯤 보이고
그림자 먹이 찾느라 긴 꼬리를 흔든다

뒤엉킨 메아리 찢긴 가슴 내민다
저녁놀 발소리 가까이 와 손짓해도
마지막 언어 찾는다 옹이진 꿈의 갈증

닳아서 때묻은 기다림 목에 걸고
뼈만 남은 허기가 떨구는 뜨건 눈물
가까운 하늘 이야기 꽃송이로 그린다.

반야봉

올빼미 눈 부릅뜨고 하늘에 닿아간다
떫은 꿈 익히느라 땀방울 젖은 손짓
티없는 맥박 소리가 파랗게 돋아난다

법어가 키운 침묵 이마에 띠로 메고
싱싱한 메아리 그림자를 길게 내려
익어서 안으로 환한 흰 사리 고개 든다.

※ 반야봉 : 지리산에 있음.

크레인1

땀방울 흥건한 옷 다 벗어버리고
심장이 콩콩 뛰는 먹이를 찾아내러
뻘겋게 달아오른 혀
맨발로 마구 뛴다

두 눈을 부릅뜨고
호랑이 발톱 세워
천 길에 숨겨놓은 수줍음 가득 안고
하늘에 세우는 빌딩 웃음이 칼로 선다.

크레인 2

설레는 처녀가 반쯤 보인 뜨건 웃음
정글이 피운 순수한 꽃송이를 꺼내어
익어간 천년의 사연 알몸을 내보인다

커다란 눈을 뜨고 두 귀를 잔뜩 연다
뜨거운 햇빛 키운 남국의 푸른 순정
닳아진 독수리 부리 가슴까지 쪼아 댄다.

36 폭풍의 바다

제3부

수 련

추락

다리가 부러지고
혀가 끊긴 독수리

어둠에 숨긴 진실
껍질만 손에 쥐고

색안경
겨울의 얼굴
의문표만 찍는다.

저녁놀

익어서 빨간 숨결
다가온다
살금살금

눈감고 손 모둔
하얀 독경
가슴까지 다 씻어

땀방울
얻어낸 득도
불꽃으로 터트린다.

수련

꽃송이 비를 맞아 조금씩 고개 드니,
독경의 깊은 뜻이 하나씩 일어난다
그 언어 발음을 얻어 사방에 촛불 켠다

가까운 종소리에 온몸을 비틀댄다
조그만 이파리들 하늘 꿈을 키우고
법어가 피운 꽃송이 향기에 취해 존다.

원두막

연꽃에 핏방울로 맺히는 속삭임이
가는 손을 내밀고 하늘에 닿으려고
가슴에 켠 순정의 촛불 천리까지 밝힌다

백마강 아픈 꽃잎 숨어서 울게 하고
계백의 부릅뜬 눈 그림자에 묻어두고
영원히 사는 하얀 혼 하늘 높이 세운다.

※ 원두막 : 부여 궁남지 안에 있음.

오솔길

비어서 조그만 길
고향의 냄새 난다

실바람 살며시 와
깨우고 고요의 잠

잃은 길
찾는 나그네
시름이 가득하다.

바다

무수한 지느러미
사방에서 파닥인다

하나씩 쏟아내고
은어의 순한 발음

천길 속
꿈의 이야기
속살 다 내보인다.

개나리

호루라기 부르며
흔든다 손을 마구

메아리 노랗게
입에서 쏟아진다

풋내 난
발음 찾느라
어린아이 칭얼댄다.

장미꽃

조그만 손 내민다
철조망 기어올라

비릿한 숫처녀
불로 타는 그리움

터트린
수줍은 웃음
하늘에 닿아간다.

제철소

그림자 마구 판다
남국의 푸른 정글

묵어서 빛난 침묵
꺼내는 티없는 손

천근의
맥박소리로
하늘에 탑 세운다.

안개

욕망이 불타느라
칼날 잔뜩 세운다

두 눈을 부릅뜨고
씻기어 하얀 진실

마지막
절벽에 서서
가슴에 촛불 켠다.

수련

꽃송이 비를 맞아 조금씩 고개 드니,
독경의 깊은 뜻이 하나씩 일어난다
그 언어 발음을 얻어 사방에 촛불 컨다

가까운 종소리에 온몸을 비틀댄다
조그만 이파리들 하늘 꿈을 키우고
법어가 피운 꽃송이 향기에 취해 존다.

제4부

백마강

폭포

맨발로 뛰는 알몸
하늘에 올라가고

함성은 혀 내밀고
천리에 닿아간다

심장이
열린 프리즘
천의 빛 쏟아낸다.

한낮

나무가 비틀댄다
더위에 마구 찔려

잎마다 햇빛이
반짝반짝 손 내민다

입술이
부르튼 고요
주름살 가득하다.

여름 숲

햇빛이 이파리에 앉아서 소곤댄다
어린 몸 키우느라 숨어서 열이 나고
매미의 울음소리가 땀 젖어 축축하다

메마른 실바람 가는 꼬리 흔든다
머나먼 물소리 안으로 살찐 생명의 빛
뜨겁게 돌아가는 맥박 나이테를 감는다

굳게 입 다물어도 안으로 사는 언어
아직도 떫은 맛의 생명의 꿈 키운다
넉넉한 하늘을 담은 푸른 웃음 익힌다.

백마강

강줄기 구불구불 숨어서 타는 노을
항아리 빈 가슴을 메아리로 채운다
발음을 잃은 그림자 종이배로 띄운다

개망초 하얀 웃음 줄 서서 손짓한다
풀잎의 흔들림에 반쯤만 보인 시비
달빛을 먹고 피는 꽃 향기를 터뜨린다

백마를 타고 가는 물소리 귀에 담고
맨발로 저벅저벅 숨어서 가는 사연
노을에 익어간 침묵 아픈 정조 키운다.

영안실

할머니 웃음 속에 하늘이 출렁인다
내려온 하늘의 뜻 고요가 가득하다
목동이 부르는 소리 가까이 손 내민다

가끔씩 들려오는 입 부르튼 찬송가
별빛이 울음으로 가득 담겨 반짝인다
가슴에 촛불 밝힌다 영원한 푸른 평화.

자갈치 시장

무수한 하얀 비늘 메아리 파닥인다
고깃배 비릿한 사연들을 앞에 두고
추억을 마신 소주잔 취하여 흥얼댄다

남도의 사투리 풀리어도 따스하다
가슴에 아직 살아 꿈틀댄 파도소리
가까운 문에 세운다 싱싱한 만선의 꿈

촛불로 흔들리고 목이 쉰 고동소리
천길 속 바다에서 얻어낸 생의 진리
마음을 다 열어두고 달빛의 말 쏟는다.

폭염

꼬리 칭칭 감는다
허기진 구렁이

주름살 깊어간다
메아리 쪼글쪼글

무더위
세우는 경고
칼날을 번득인다.

덕담

바람의 얇은 입술
장미꽃을 피운다

가면에 가린 속셈
천의 빛 쏟아낸다

절벽에
안개를 풀어
어릿광대 춤춘다.

여름 낮

끝없는 흔들림이
안으로 키가 큰다

뒤엉킨 가지마다
익어간 살 찐 웃음

조금씩
열린 가슴이
뜨건 손을 내민다.

덕수궁 오후

떨어진 장미 꽃잎 가슴을 앓아댄다
흰구름 무건 침묵 사슴의 목을 빼고
뼈대만 남은 발소리 실바람이 흔든다

조금씩 키가 크는 그림자에 앉아서
때묻은 깊은 고요 왕의 꿈을 세운다
묵어서 쓰러진 금빛 메아리 꿈틀댄다

창칼에 둘둘 감긴 꽃송이 피운 침묵
반쯤 더 잊힌 애기 뿌리를 뽑아 들고
하늘이 보인 진실을 웃음으로 말한다.

제5부

남한강

간월사

무수한 연꽃들 보초처럼 줄을 서고
열리어 뜨건 기도 촛불로 혼자 탄다
끝없는 독경의 갈증 파도를 밀고 온다

짜릿한 메아리가 시나브로 일어선다
대웅전 익은 웃음 하늘을 가득 안고
멀리서 들리는 애기 메아리를 부른다

바람의 마음들은 구름으로 떠가고
진리의 꽃을 찾는 발소리가 무겁다
득도 길 가는 돌부처 혼자 살이 찐다.

한강

햇빛이 잔 파도
손바닥에
반짝인다

때묻은 메아리들
썩은 냄새 진동하고

땀방울
그날의 기적
뼈만 남아 울먹인다.

내장산 기행

십일월 초순인 데
아직 여름 무성하다

입구의 장승들 속
빈 웃음 들어내고

뼈대를
보이는 허기
어둠 속에 묻는다.

판문점 가는 길

북으로 갈수록
추위의 가시 날이 선다

화성 15형의 뉴스
불길로 타올라도

뿌리가
깊은 체념은
고개를 돌린다.

남한강

추위에 웅크리고 허리 잔뜩 굽었다
안개에 가린 얼굴 반쯤만 내보이고
기침을 해댄 소리에 잔 파도 일어난다

대동강 물과 만나 하나가 되기 위해
숨 가쁘게 서해로 끊임없이 나아간다
우리는 언제 손 잡고 하나 되어 웃을까.

여강의 꽃

여주의 기름진 너른 벌에 뿌리 내려
한 생을 온몸으로 가꿔온 시조 나무
무수한 열매 익히느라 입김이 뿌옇다

삼천리 굽이굽이 무수히 가지 뻗어
땀방울 쏟아 부어 키우는 우리 시조
색동옷 입은 동심들 사방에서 웃는다

모성을 바구니에 모두 다 담아두고
열리는 시조 밭에 커다란 꽃으로 서
가야금 오색의 소리 가슴으로 내뱉는다.

단원고 교문
  - 안산에서

3년간 바다에 묻어 울음도 뼈만 남아
그날의 날 선 분노 다 부러져 버리고
이제는 얼굴도 잃어버린 그림자를 찾는다

기다림은 아직도 사슴의 긴 목 빼고
잊혀진 웃음을 가슴으로 찾지만
비어서 울음 가득한 메아리 앓아 댄다.

임진각에서

강물은 말을 잃어 입을 굳게 다문다
사방에 큰 가시가 박히어 찔려 대고
북핵의 뜨거운 입김 날이 서 반짝인다

우리의 운명은 바람 앞의 촛불인가
숨어 흐른 물소리 그림자 꿈틀대고
어둠을 헤매는 소원 하늘 끝에 닿는다.

강설

순수가 뒤엉키어
하얗게 손짓한다

하늘의 웃음소리
무지개로 쏟아지고

열리는
텅 빈 가슴에
그리움이 익는다.

맨드라미

작은 몸 움츠리고 화장한 고운 얼굴
버드 나무 그늘에서 수줍음을 키운다
허리도 굽은 기다림 목만 잔뜩 내민다

버려진 그릇 같이 비웃음을 받아도
끝없이 타는 정열 두 손에 움켜쥐고
단맛을 혼자 익히느라 뜨건 얼굴 숙인다.

남북이산가족 상봉

추억도 뻘겋게 녹이 슨 고개 든다
혈육의 뜨거운 정 아직 눈 크게 뜨고
무수한 눈물을 쏟아 진실을 내보인다

할머니 비틀비틀 하늘 간 아들 찾고
닫혀져 녹이 슨 문 묵은 때를 닦는다
이제는 싱싱한 웃음 다시 볼 수 없는가.

제6부

연 등

평창올림픽

무수한 땀방울을 여기저기 떨군다
긴 세월 피땀으로 닦아온 꿈의 목표
마지막 문을 향하여 두 팔을 활짝 편다

최고를 향하여 세워온 굳은 집념
간발의 차이로 빛살에 밀리어
뜨거운 눈물방울을 사방에 쏟아낸다

타오른 불의 축제 오색 빛 터트린다
너를 이겨야 내가 사는 아픈 생리
무수한 함성에 꽂혀 커다란 눈을 뜬다.

남한강에서

풀어진 강물 위에 하얀 벚꽃 가득하다
외로운 갈매기 그림자를 쪼아 대고
티없는 생명의 소리 파도로 밀려든다

잠이 깬 잉어 눈에 봄기운 가득하고
사방에 넉넉한 푸른 생명 내린 뿌리
씻기어 티없는 봄이 웃으며 손짓한다.

판문점의 침묵

꽁꽁 언 겨울 벌판
찬바람 가득하다

녹이 슨 휴전선
부러진 뼈도 보인다

사방에
피 묻은 울음
메아리도 멍이 든다.

지리산

한반도 뜨건 심장
마음으로 돌리는

백두대간 긴 허리
마지막의 지리산

오천 년
빛의 뿌리를
더욱 깊게 내린다.

할머니

무수히 찢긴 인생
속살까지 다 보인다

마구 꼬인 구십 평생
닳아 더덜더덜하다

죽어서
얻은 한 평의
땅 거기는 꽃이 필까.

여름 공원

혼자서 외로운
매미소리 불로 탄다

칼을 든 무더위에
근육 마구 잘린다

마음에
불로 차오른
갈증만 가득하다.

담쟁이 넝쿨

옷 다 벗어 던지고
알몸으로 추워 떤다

하늘에 오르려는
불의 욕망 숨기고

눈을 뜬
올빼미의 꿈
생명의 끈 찾는다.

연등

속삭임 가득 담고
하늘을 키운 법어

마음에 움으로 터
꽃으로 핀 염불 소리

아직 먼
반야의 강을
조각달로 떠간다.

단풍잎

주름살 깊게 패인 웃음이 따스하다
숨어서 노랗게 무르익은 가을의 빛
석류의 부르튼 침묵 환한 사리 보인다

밤마다 귀뚜라미 소곤대는 빛난 사연
서툴게 쓴 메모장 가지마다 걸어두고
노처녀 멍든 그리움 가슴에 촛불 켠다.

갯마을

나루터 가로등이 비린 고요 밝힌다
온몸이 상처가 난 갑판의 그물 자락
허기진 만선의 꿈이 올빼미 눈을 뜬다

주름살 거미줄 친 허리 굽은 할머니
아직도 덜 마른 손 처마에 등불 켜고
천 년도 푸른 기다림 사슴의 목을 뺀다

파도가 게거품 잔뜩 물고 기어와서
하나씩 터트리고 천 길 속 바다 얘기
입술이 부르튼 등댓불 혼자 천리 닿는다.

산사

하늘이 가득 담긴 법어의 품에 안겨
가부좌 아직도 먼 득도의 길을 가고
독경이 피우는 연꽃 향기가 자욱하다

밤이슬 흠뻑 먹고 살이 찐 하얀 기도
시력을 얻어내어 생명의 길 가느라
어둠이 가리는 길에 촛불 하나 켜 든다

노스님 잠든 웃음 산골 물로 흐르고
먼 길 노 저어가는 앙상한 목어의 꿈
날개 편 종소리 따라 하늘로 날라간다.

제7부

거문고 독주

임진강

눈 감은 호랑이 아픈 언어 끌고 간다
찢기어 둘이 되는 통증을 품에 안고
커다란 벽을 넘느라 가쁜 숨을 내쉰다

길을 잃고 헤매는 울음 잔뜩 쌓여도
백조의 긴 목 빼고 생명의 길을 찾아
반쯤만 보인 하늘에 촛불을 하나 켠다

끝없는 목마름만 안으로 차오르는
마지막 씨앗 같은 희망을 움켜쥐고
멀리서 손을 흔드는 아침을 찾아간다.

거문고 독주

색동옷 어린 소녀 토끼 귀를 세운다
피어난 꽃의 사연 하나씩 꺼내 들고
무게에 휘어진 가락 숨어서 그네 탄다

마음이 피우는 꽃 향기가 출렁인다
마지막 진실의 말 무지개에 담아두고
안으로 익어간 웃음 실안개 감고 돈다.

만남

부르튼 기다림에 허리 휜 야윈 웃음
잠에서 깨어나 두 눈을 크게 뜨고
반쯤 연 창문을 향해 비둘기 날개 편다

허기진 호랑이가 날 선 발톱 세워도
눈물에 흠뻑 젖은 가슴 다 드러내고
벽으로 막혀진 길을 촛불 들고 나아간다

사방에 거미줄 친 그리운 손 잡는다
온 힘을 다하여 기나긴 외줄 넘어
뜨거운 핏줄의 정을 연꽃으로 피운다.

휴전선

온몸 잔뜩 웅크린 헐벗은 겨울 벌판
색깔의 칼에 찢긴 울분을 드러내고
끊어져 뻘겋게 녹 슨 허리를 앓아 댄다

허기진 독수리 발톱 세워 달려와도
눈 감고 가슴으로 찾아가는 푸른 소식
할머니 타는 그리움 혼자 하늘 닿는다

안으로 돋아나는 생명의 손 내민다
눈물은 강이 되어 사방을 적시는데
뼈대도 부러진 얘기 동녘을 향해 띈다.

일출

법어가 크게 자라 꽃으로 피어난다
가부좌 촛불을 켜 익히는 뜨건 기도
조금씩 눈뜬 생명에 종소리를 울린다

발이 묶여 길가에 쓰러진 야윈 백마
덜 아문 피투성이 아픈 자국 지우고
안으로 타오른 갈증 동녘에 문을 연다

독경이 칭칭 감은 사슬을 잘라내고
무수한 땀방울로 얻어낸 푸른 득음
먼 하늘 꿈을 향하여 독수리 날개 편다.

월하문학관에서

월하의 넘쳐나는 웃음이 가득하다
평생을 다듬었던 때 묻은 시조 몇 수
활짝 핀 꽃의 집념이 달빛으로 빛난다

파로 호 물결 소리 시심을 일깨운다
뜨겁게 돌아가는 부풀어 터진 심장
농익은 시조의 참 맛 혓바닥이 춤춘다

문학관 무건 침묵 시조로 가득하다
흥겨운 가락들이 노래로 빙빙 돌고
아직도 다 못 든 전설 꿈을 베고 눕는다.

※ 월하문학관 : 이태극 문학관, 화천에 있음.

봄날에

햇빛이 빈 가슴을
만지니 따스하다

돋아난 새싹들이
화살로 하늘 겨누고

피어난
아지랑이가
꽃의 웃음 떨군다.

봄비1

여기선 노란 손짓
저기 선 하얀 손짓

두 손에 웃음소리
가득 쥐고 춤춘다

하늘의
위대한 꿈이
조금씩 눈을 뜬다.

봄비 2

빗소리 꽃 만지니
가렵다고 웃어댄다

향기가 기어 나와
나비 날개 펴 난다

숨소리
별빛과 같은
혀 내밀고 마구 뛴다.

과수원

가지마다 돋아난
하얀 웃음 손짓한다

메마른 오솔길에
봄기운 꿈틀대고

농부의
빈 리어카에
푸른 꿈 그득하다.

제8부

연지 공원

연지 공원

티없는 남루가 봄꿈을 씹어 댄다
지리산 산 내음이 숨어서 내려오고
시비의 구수한 가락 햇빛 쥐고 웃는다

풀 내음 모락모락 아지랑이 부른다
실바람에 일어나 꿈틀대는 이야기들
안으로 열린 마음에 푸른 꿈을 심는다.

벚꽃

아이들 좋다고
손뼉치고 웃는다

메아리 이슬 맺혀
하얗게 떨어진다

돋아난
싱싱한 언어
아지랑이 날개 편다.

이슬비

구정의 휴일을 촉촉히 적신다
닫혀진 마음 열고 닫혀진 눈을 뜨고
새로운 푸른 벌판에 꿈의 씨를 묻는다

때묻은 가슴들이 열리는 마음 씻어
하늘에서 동심의 목소리를 찾아내
화사한 꽃을 피우려 먼 고갯길 넘는다.

설경

하늘의 하얀 언어
숨어서 편지 쓴다

티없는 사연들이
얼굴을 드러내고

선녀의
웃음소리를
메아리로 새긴다.

다산 공원

잔잔한 파도소리
목민심서 읽는다

봄기운 열리느라
잔디밭 출렁대고

빛살로
터진 그림자
사방에서 손짓한다.

실바람

가지가 흔들리니
칼날 마구 꽂힌다

놀라서 허기가
시퍼렇게 눈을 뜨니

움츠린
아지랑이가
깨어나 고개 든다.

잔설

칼날이 부러진
꽁꽁 언 이야기

피 묻은 메아리
알몸에 띠 두르고

마지막
눈물의 애기
묘비명을 새긴다.

내장사

냇물이 숨어서
푸른 생명 끌고 오고

나무들 흔들림이
하늘에 길을 연다

연꽃을
마음에 피운
목탁 소리 뜨겁다.

겨울나무

헐벗은 나무가
참회를 하고 있다

매미의 좋은 시절
바람으로 보내버리고

알몸이
벌벌 떨면서
눈물 뚝뚝 떨군다.

강설1

천사의 발소리
여기저기 찍는다

하늘에 숨겨놓은
티없는 달빛 웃음

빛나는
가슴을 열어
동심을 꽃피운다.

강설 2

부끄러운 얼굴을
하얀 옷깃 덮는다

문명의 더러운
자국을 다 지우고

천국의
아름다운 얘기
가슴으로 써 댄다.

제9부

망 년

나목

가식의 옷을 벗고
진실을 드러낸다

무거운 침묵이
빛으로 반짝인다

하늘을
가슴에 담고
하늘을 닮아간다.

남산

차가운 겨울 언어
가지마다 가득하다

입 다문 시심이
안으로 타오르고

때묻은
무거운 침묵
사슴의 긴 목 뺀다.

파업

쇠사슬로 야윈 몸
묶었다 풀었다 한다

천 길의 낭떠러지에
빨간 깃발 꽂는다

길 잃은
무수한 절망
어둠 속을 헤맨다.

망년

지워버릴 것들만
무수히 쌓여 있다

아침이 가까워도
빛의 길 안 보인다

안으로
가득한 욕심
하나씩 쓸어낸다.

단풍잎

가슴이 불 타느라
몸부림을 쳐댄다

여름 내내 안으로
무르익은 빨간 웃음

천리로
길 열어두고
하늘을 닮아간다.

은행잎1

가을의 웃음을 혼자 가득 머금고
오솔길 깊은 고요 빛으로 채우느라
가을의 전령사 웃음 노랗게 터뜨린다

제일 먼저 살며시 온 가을의 집배원
무르익은 웃음이 알찬 소식 보인다
열리어 푸른 하늘에 큰 깃발을 꽂는다.

은행잎 2

가슴에 가득한
익은 마음 터뜨려

저녁 연기 묻어나는
웃음을 꽃피운다

조금씩
익어간 순정
침묵을 키운다.

가로수

노오란 가을 언어
하늘하늘 흔들린다

쓸쓸한 텅 빈 정서
오솔길 혼자 가고

조금씩
무르익은 맛
입으로 씹어 댄다.

안개1

소녀가 살금살금
웃으며 다가온다

설레는 어린 아이
맥박 소리 뜨겁다

티없는
심장을 열어
가부좌 눈을 뜬다.

소월로

은행잎 노란 웃음
앞에서 손짓한다

안으로 살찐 웃음
가슴 다 열어 두고

무수한
톱니바퀴가
과녁을 향해 돈다.

코스모스

촌부의 하얀 마음
꽃으로 피워 두고

아직도 뜨건 순수
가슴까지 열어두고

아낙네
숨겨둔 꿈이
그림자도 키가 크다.

제10부
안 개

청학동

밤 기운이 달빛에
걸리어 파닥인다

명심 서원 훈장의
웃음이 생명 얻어

떠도는
티없는 동심
이야기 풀어낸다.

안개 2

누나가 숨어서
웃음으로 손짓한다

거미줄로 마구 꼬인
사연을 다 지우고

열리는
하얀 여백에
마음의 편지 쓴다.

등불

헐벗은 나뭇가지
메마른 잎새 하나

숨겨도 드러나는
신음소리 입에 물고

잊혀진
사랑이야기
그림자를 새긴다.

겨울 추위

묵은 옷을 벗기니
썩은 내 진동하고

가면의 옷 벗기니
칼날이 무수하다

속살의
가장자리에
얼음이 꽁꽁 언다.

숲1

입 다물고 사각사각
마음으로 말한다

뜨거운 입술로
실안개 풀어내어

풋내 난
메아리들이
근육을 살찌운다.

나무

숨쉬는 푸른 고요
숨소리 하늘댄다

비둘기 한 마리
짝 찾아 아양 떤다

천 길의
뿌리 찾는다
무거운 침묵 하나.

무더위

뻘건햇빛 눈 가시로
마구마구 찔러 대

피 흘린 이파리들
타는 가슴 식힌다

단맛의
가을을 위한
인고의 아픈 침묵.

접시꽃

언덕의 접시에
음식 잔뜩 차려놓고

처녀가 사랑을
안으로 열어두고

빛으로
오는 발소리
두 귀 열고 듣는다.

가로수

매연의 손과 발을
사슬로 친친 감고

무수한 날 선 신경
호랑이 눈에 불 켜

채찍을
손에 든 신호등
긴 불면을 지킨다.

숲2

햇빛이 손을 드니
실바람 웃어댄다

나뭇잎들 입을 열어
푸른 말을 해댄다

실안개
키우는 심장
맥박 소리 뜨겁다.

저녁노을

여인의 풀어진 머리카락 날린다
텅 빈 가슴에 씨만 남은 뜨건 사랑
시력을 찾아 대느라 조그만 눈을 뜬다

할 말이 많아도 입술 굳게 다문다
벽에 갇힌 무수한 메아리의 몸부림
외로운 돛단배 하나 길 잃고 떠밀린다.

제11부

민들레

풍경1

정글의 짙은 푸름
햇빛에 마구 탄다

원시의 이야기
뿌리를 깊게 내린

원형의
푸른 전설을
안으로 키워간다.

풍경 2

하나씩 껍질 벗고
알몸을 드러낸 고요

눈을 뜬 가슴들이
닫혀진 문 두드린다

움트는
무수한 씨앗
파릇한 손 내민다.

민들레

발길에 밟히어
가슴까지 찢기어도

목이 긴 노란 웃음
안으로 환하다

눈을 뜬
싱싱한 육성
여기저기 촛불 켠다.

벗꽃

생명의 뜨거운
언어가 눈을 뜬다

풀어진 가슴을
드러내고 웃어댄다

하얗게
익어가는 봄
비둘기 날개 편다.

새싹

싱싱한 생명들이
날개를 파닥인다

벚꽃 잎 조그만
눈을 뜨고 웃어댄다

조금씩
가까이 온다
생명의 푸른 계절.

공원

더위가 불꽃으로
타오르는 빈 의자에

알몸의 침묵이
익어서 팅팅하다

이파리
흘린 땀방울
흥건히 묻어난다.

여름

푸르른 마음들이
숨쉬느라 하늘댄다

숨어서 알알이
익어가는 꿈의 열매

티없는
생명의 소리
하늘 발음 터뜨린다.

양재천

문명의 손바닥
자연 향기 물씬하다

문화의 메아리가
물소리로 종알댄다

건강을
마음으로 키운
도보 소리 가뿐하다.

문산 역

호랑이 버티고 있어
자꾸 뒤로만 간다

허리 끊겨 피 흘리는
눈물에 젖은 언어

입 다문
울음 하나가
겨울 벽을 헤맨다.

거리

허기진 언어들이
무관심에 짓밟힌다

빛살과 짙은 어둠
서로 등을 돌리고

사방이
막힌 절벽을
외줄 타고 오른다.

꽃의 의미

메마른 가지마다 하얀 생명 돋아난다
하늘에서 내려온 천사의 속삭임이
천 년도 변함이 없는 하늘 웃음 내보인다

얼어붙어 터지는 언어들이 꿈틀댄다
숨겨도 다 보이는 순수한 마음들이
한줌의 햇빛을 찾아 눈망울을 굴린다.

종소리

어둠이 닫히고
빛살이 문을 연다

보신각을 에워싼
수많은 숨소리들

새로운
푸른 꿈들이
조금씩 눈을 뜬다.

빈 의자

오솔길 메마른 고요
으스스 떨고 있다

다스한 메아리도
가슴까지 움츠리고

하오의
쓸쓸한 기운
빈 자리에 가득하다.

과수원

꽃으로 피어나고
햇살이 가지마다

빨갛게 익어가는
사과 맛있는 웃음

그림자
길게 내리고
넉넉한 가슴 연다.

강추위

시베리아 늑대가
발톱 잔뜩 세운다

꽁꽁 언 이야기
고개를 푹 숙이고

뼈대만
남은 이야기
백곰의 눈 크게 뜬다.

〈**신강우** 시조 평설〉

사나이, 바다를 걷다

김 용 채
(소설가, 시조시인, 문학평론가)

〈신강우 시조 평설〉

사나이, 바다를 걷다

김 용 채 (소설가, 시조시인, 문학평론가)

그리스어로 폴리네시아는 '많은 섬'이라는 뜻이다. 수천 개의 섬이 드넓은 태평양의 물이랑을 사이에 두고 서로 떨어져 있다. 바다는 이 섬들을 고립시키는 장벽일까? 「바다인류」의 저자 주경철은 그렇지 않다고 한다. 바다는 오히려 길을 열어 흩어져 있는 섬들을 이어준다고 강변한다. 인간 사회도 이와 비슷하다. 개개인의 사람은 서로 떨어져 있다. 그런데 인간과 인간을 이어주는 어떤 끈이 있다. 그래서 하나의 민족, 하나의 국가를 형성하게 된다. 우리 민족에게서 그 끈의 역할을 해 주는 것들 중 하나로서 시조(時調)를 꼽을 수 있다.

그리스 산토리니에서 발견된 기원전 1600년경에 그려진 벽화는 당시 에게해 지역에 살았던 미노아인들이 선박을 타고 바다를 항해하는 모습을 담고 있다. 태평양의 폴리네시아인들도 카누를 타고 이 섬에서 저 섬으로 각자의 물건을 날라 서로 나누었다고 한다. 이들을 연계해 보면 우리는 어떤 공통분모를 발견해 낼 수 있다. 미노아인들이나 폴리네시아인들에게 바다는 나의 것도 너의 것도 아닌 우리의 생활 터전이며 서로를 이어주는 끈이었다. 이같이 바다는 과거로부터 많은 사람의 삶이 펼쳐진 공간이었지만 각기 다른 문명을 이어주는 통로였을 뿐만 아니라 세계사의 결정적인 순간이 바다에서 비롯된 경우도 많았음을 우리는 어렵지 않게 발견할 수 있다.

  영국을 비롯한 서구 제국이 활개를 치던 대항해의 시대에 바다는 제국의 것이었다. 문명에서 제국으로 다시 제국에서 자본으로 바다의 시대사적 주인이 바뀐 역사를 우리는 조망할 수 있는 것이다. 문명을 잇고 발전시킨 통로이자 권력의 중심이 되기도 한 바다, 무분별한 개발과 약탈로 그 바다는 지금 몸살을 앓고 있다. 덩달아 인류를 비롯한 모든 생명 있는 것들이 함께 몸살을 앓는다. 종말을 행하여 치닫고 있다. 그러나 이 질주는 이제 멈추어야 한다. 인류와 바다가 미래를 위한 공존의 역사를 써 가야 할 때가 된 것이다. 태초에 바다는 어느 특정인의 것이 아니었다. 따라서 그 누구도 바다를 독점하여 지배할 수 없다. 그런데도 현재 인류는 바다를 약탈하고 지배하려고 한다. 그러나 이건 아니다. 바다 위에 인간이 있는 것이 아니라 바다 안에 인간이 숨 쉬고 있음을 알아야 한다.

  천 년의 역사를 자랑하는 우리 민족의 고유한 서정시, 시조(時調)의 경우도 마찬가지이다. 흰옷을 즐겨 입는 우리 민족은 한 가지로 곧게 흘러온 숨길을 공유해 왔다. 민족 고유의 민족적 자연서정이다. 그 서정이 핏속에 녹아 흐르면서 시조라는 노래가 자연 발생하였다. 긴 세월을 흐르면서 독특한 하나의 틀을 이루었고 유연한 리듬을 품어 안게 되었다. 구전의 시대를 거쳐 우리의 글, 한글 표기로 정착되었다. 한때는 소멸의 위기를 맞기도 하였으나 다시 소생하는 떡잎들이 봄볕에 하나씩 얼굴을 내밀고 있다. 이러한 역사와 전통을 가진 시조는 유장하게 펼쳐진 우리 민족의 넓은 바다였고 사람과 사람을 이어주는 바닷길이었다. 이 바닷길인 시조는 동북아시아의 작은 나라 대한민국을 넘어 오대양에 길을 열고 지구 곳곳으로 뻗어 나갈 채비를 하고 있다. 꼭 그렇게 되어야 할 것이다.

  이 시조집의 저자 신강우는 '바다의 사나이'였다. 미노아인들이 작은 선박을 타고 에게해에 물길을 열었고 폴리네시아인들이 카누를 타고 태평양에 흩어진 섬과 섬을 이어주었듯이 신강우는 덩치 큰 화물선을 타고 섬과 섬 사이 바닷길을 누비며 대륙과 대륙을 잇고 서로 다른 문화와 문명을 실어 날랐다. 신강우가 배에 실어 날랐던 것들, 그중에는 '문학'이라는 보따리도 있었다. 필자는 그 보따리를 열어 보는 기회를 가졌다. 놀랍게도 그 속에는 '시조'가 있었고 '시'가 있었고 '소설'과 '수필'이 함께 들어 있었다. 방물장수의 보물창고였다. 그중에서도 필자는 시조와 낯이 익었다. 그래서 무식한 자가 용감하다는 말도 있지만 필자는 '신강우의 시조'와 정담을 나누어 보기로 했다. 신강우는 작품을 통하여 그가 걸어온 창작의 세계를 미주알고주알 날 새는 줄 모르고 낱낱이 이야기해 주었다. 필자는 그저 귀 기울여 듣고 있었을 뿐이다. 작품 사이사이에 끼어 있는 시인 신강우가 열어 온 바닷길을 다시 더듬어 보는 일, 그것은 무척 독특했고 흥미로웠다.

속 가슴,
　익은 사랑
　뜨거움이 불탄다
　　　　　　　－「들국화」중장

　2022년 1월 15일 남태평양에서 폭발한 해저화산 '홍가 통가홍가 하이파이'의 여파로 높이114m, 넓이 285만㎡ 규모의 땅덩어리 하나가 바다 밑으로 사라졌다고 한다. 바다가 육지를 꿀꺽 삼켜버린 것이다. 「들국화」중장은 이번에 폭발한 남태평양 통가의 해저화산과 같이 오랜 세월 하나의 돌섬으로 자리잡은 작자의 불타오르는 열정을 내뿜은 가슴으로 읽힌다.

　밀어를 다 꺼내어
　뜨건 맥박
　굴린다

　설레는 처녀 가슴
　심장이
　마구 뛴다

　이제 막
　잠 깬 고양이
　발톱 잔뜩 세운다
　　　　　　　－「불빛」전문

그 뜨건 가슴 속에서 뛰는 심장이 지금 막 잠 깬 고양이의 날카로운 발톱을 높이 세우고 '홍가 통가홍가 하이파이' 해저화산이 폭발하듯 농익은 밀어를 쏟아낸다. 활짝 열어젖힌 모태 처녀의 가슴에서 내뿜는 시혼이다. 이 해저화산의 폭발로 화산재가 북동쪽 70㎞ 지점에 있는 통가의 노무카섬 전체를 덮어 버리고 말았듯이 작자의 농축된 시심이 오랜 세월 바다를 누비면서 축적해 온 영혼의 힘을 추진력으로 삼아 온 세상을 순식간에 덮어 버릴지도 모른다.

흙으로 크는 꿈은 언제나 눈 뜨려나
뿌리를 못 내리고 찬 겨울만 빈손에 쥔
철새도 곁으로 돌다 가버린 죽음의 별
— 「겨울 벌판」 제3연

흰옷으로 살아온
아름다운 그림자들

이끼 낀 골목마다 숨어서 손짓한다
— 「한옥마을」 제2연 초·중장

이처럼 시인 신강우의 가슴에서 타는 불꽃은 해저화산과도 같은 위력을 숨기고 있다. 무서운 파괴력이다. 그러나 시인은 아직은 대지에 뿌리를 내리지 못하였다. '흙으로 크는 꿈은 언제나 눈 뜨려나' 조바심치고 있다. 젊은 시절을 '흰옷만 입고 살아온' 작자의 시혼은 '이끼 낀 골목마다' '아름다운 그림자'가 되어 손짓하고 있다. 잠에서 깨어나지 못한 시심을 부르고 있음이리라.

 여기서 우리는 이끼 낀 골목에 감추어진 시인 신강우의 그림자를 잠시 들추어 보기로 하자. 어린 시절의 신강우는 영특했지만 가세가 넉넉하지 못했다. 6남 1녀의 다섯째 아들로 태어나 아버지를 일찍 여의고 농사를 짓는 큰 형님의 보살핌을 받으면서 자랐다. 그래서 중학교와 고등학교를 진학할 때마다 1년씩 쉬어야 했기에 또래보다 늦게 교복을 입을 수 있었다. 명문인 광주고등학교에 합격할 만큼 공부는 썩 잘했지만 고등학교를 졸업하는 것을 마지막으로 시인의 앞에는 더이상 학교의 문은 열리지 않았다. 그는 결국 마도로스가 되기로 결심했다. 현실을 도피하는 심정이었을 것이다. 부산에서 뱃사람이 되는 교육과정을 마치고 그는 드디어 바다로 뛰어들었다. '비릿한 텅 빈 가슴'이(바다1) '두 눈을 부릅뜨'고 (바다2) '불타는 짐시의 갈증'을 넘을 때(바다4) 시인 신강우의 노래가 온 바다 오대양에 울려 퍼졌다.

 가슴이 씻어 준다 어부의 깊은 침묵
 문명의 식성에 잃어 간 푸른 생명
 뽑히는 아우성 소리 하늘 끝에 닿는다
  －「바다3」전문

바다는 넓고 갑판은 좁았다. 덩치 큰 기선도 바다에서는 한 잎 낙엽이다. 로울링피칭의 연속, 그것은 지금 시인 신강우가 헤쳐나가고 있는 세상이라는 바다이다. 끝없이 밀어닥치는 시련이다. 뱃멀미가 난다. 몸과 정신이 영혼이 팽이처럼 돌아간다. 바다 위 하늘에도 먹구름은 가득했다. 그 구름장에서 검은 빗방울이 떨어진다. 더 굵은 빗줄기가 된다. 금세 폭풍우가 몰아친다. 파도가 까닭 없이 성질을 낸다. 배를 삼킬 듯이 달려든다. 시인은 외로운 사투를 벌인다. 목숨을 걸고 바다를 건넌다. 시인 신강우의 노래는 이렇게 잉태되었고 이렇게 태어났다. 다행히 배는 침몰하지 않았다. '홍가 통가홍가 하이파이' 해저화산의 폭발 지점을 가까스로 피해간 것일까?

남국의 푸른 꿈이 아가미로 숨쉰다
무지개 꽃으로 핀 설레는 산호 손짓
천년도 빛나는 육성 조금씩 드러낸다
　　　　　　　－「바다7」 전문

긴 항해를 마친 배는 닻을 내린다. 선장 모자를 쓴 시인 신강우는 배를 부두에 정박하고 비로소 흙을 밟아 본다. 소금물에 잔뜩 절은 모자를 벗는다. 한평생을 소롯이 바친 뱃길의 인생행로였다. 비로소 기름진 흙 위에다가 흔들리지 않는 보금자리를 마련하는 꿈에 젖는다. 자리 위에 몸을 누인다. 그런데 바다가 따라와서 침대 속으로 기어든다. 지독하게 끈질긴 녀석이다.

하늘의 무수한 별 속삭임을 마시고
　　떠가는 불빛 하나 이리 비틀 저리 비틀
　　꿈으로 열린 과녁을 화살로 겨냥한다

　　침묵도 텅 비어 안으로 윙윙댄다
　　위기의 가시 길로 나아가는 발굽 소리
　　먼 곳의 꽃송이 찾아 사슴의 긴 목 뺀다
　　　　　　　　　　　　　－「항해선2」 전문

 두 발을 흙에 묻고 지친 몸을 뉘었건만 바다는 시인 신강우를 그냥 내버려 두지 않는다.

　　핏발 선 눈망울을 굴리는 이리떼들
　　달려든다 칼 들고 활을 들고 사방에서
　　드러난 소녀의 순정 자꾸 찢어 씹어 댄다

　　허기를 못 참고 날뛰는 피의 식욕
　　천길 속 비린 순수 하얀 뼈 입에 물고
　　알몸을 드러낸 아우성 큰 깃발로 꽂는다

　　입을 굳게 다문 깊은 상처 곪아 간다
　　빈 마음 뜨거운 신음의 사슬에 묶인
　　악녀의 피 묻은 웃음 긴 외줄에 내건다
　　　　　　　　　　　　　－「폭풍의 바다」 전문

선장 신강우의 유년은 꿈 많은 초동이었다. 더운 날 논두렁을 타면서 소꼴을 베었고 추운 날은 뒷산에 올라 떨어진 솔가리를 긁었다. 가을 달빛을 시샘하는 벌레들의 흩어지는 울음소리에 괜시리 눈물이 핑 돌곤 하는 감성 깊은 소년이었다. 그 가을 소리를 시에 담은 소년은 행간에 꽂힌 자연 서정을 곱씹으며 가을밤을 새우기도 했다. 시심이 갑판 위를 하얗게 물들이며 떨어지는 파도의 포말이 된다. 선장 신강우는 다시 꿈 많은 소년으로 돌아간다. 시인이 된다. 그 시상이 빚어낸 작품, 「바다」 시리즈 아홉 수와 「폭풍의 바다」 및 「항해선1, 2」가 그 역정의 대변인이 된다.

　바다를 소재로 한 작품에서라면 짜디짠 소금 냄새를 맡을 수 있을 것이라는 기대를 하게 마련이다. 그러나 그 선입견은 무참히 짓밟히고 만다. 시인 신강우의 바다에서는 소금 냄새를 맡아 볼 수 없다. 초동 시절, 손가락 끝마디에 물든 연두색 풀냄새, 하늘에서 쏟아지는 달빛과 별빛 싸라기 그리고 흩어지는 풀벌레 소리를 듣는다. 그래서 선장 신강우는 몽환의 세계에서 붉게 뜀뛰는 가슴을 노래한다. 광활한 바다 위로 쏟아지는 순수는 색깔 짙은 향수가 된다.

　스무 살을 갓 넘긴 새내기 바닷사내가 부산항을 뒤로 하고 첫 출항을 위하여 뱃머리를 돌릴 때 하늘을 흔들던 뱃고동 소리가 지금도 아련히 들려 오는데 선장 신강우의 귀밑머리에는 벌써 서리가 내리기 시작했다. 갑판에서 내려와야 할 때가 된 것이다. 우리는 오대양 물길 위에 남겨진 선장 신강우의 흔적들을 산토리니의 벽화 어느 한 귀퉁이에서 찾아

볼 수 있을지도 모른다. 그 벽화 속에서 신강우는 기꺼이 미노아인의 선박을 탈까? 아니면 남태평양의 폴리네시아인과 함께 카누를 젖고 있을까? 아무러나 선장 신강우는 「바다인류」의 후예임이 틀림없다. 구태어 주경철을 증인석으로 내세울 필요까지는 없으리라.

시인 신강우가 시조를 빚어내는 솜씨는 아직 달인의 경지에까지 이르지는 못한 것 같다고 독자들은 지적할지도 모른다. 시조라는 이름 밑에다 시조 이론이랍시고 주저리주저리 매달아 놓은 장난감 같은 이론 조각을 들추면서 작품의 무게를 재려고 하는 사람들이 있다. 겉면을 대패로 밀고 갖가지 색칠을 한다. 이해할 수 없는 괴상한 어휘를 나열하면서 작품의 길이를 재려고 한다. 어디 그뿐인가? 수십 년 묵어 잔뜩 녹이 슨 가위를 손에 들고 제 맘대로 재단하려고 덤벼든다. 넘어서는 안 될 선을 놀이터의 소녀들이 고무줄 넘듯 넘나든다. 그리고 저 혼자만이 재단의 달인이라고 떠든다. 목을 뻣뻣하게 세우고 두 눈에 힘을 주기도 한다. 부질없는 짓들이다. 예술에 정답이 있는가? 가늠하는 불변의 기준치가 있을 수 있는가? 소경들이 코끼리 만지듯 저마다의 촉감으로만 느끼면서 그것이 유일한 형체인 줄로 착각한다. 그리고 눈에 힘을 주고 '이것'이라고 고집을 부린다. 실인즉 시인 신강우의 작품은 아직 농익었다고 하기는 어렵다. 그런데 스스로 대가인 척 거들먹거리는 사람들, 그들은 과연 무결점의 경지에 도달한 사람일까? 아쉽고 모자라기는 마찬가지다. 이 세상 그 누구도 완벽한 예술의 경지에 도달한 사람은 없다. 그들의 잠꼬대에 우리는 귀 기울일 까닭이 없다. 괘념할 바 아니다.

시인 신강우의 시조는 때 묻지 않았다. 잔재주를 부리지도 않는다. 해당화 곱게 핀 바닷가에서 모래성을 쌓는 섬 처녀의 수줍음과 순수가 거기 있다. 그러나 지진해일을 숨기고 모래성을 삼키려고 달려드는 너울의 큰 그림자가 있다. 시인 신강우만이 가지고 있는 너울이다. 우리는 그 너울에 흠뻑 젖으면서 소설가요 수필가요 시인이면서 시조시인인 선장 신강우와 함께 저 별빛 쏟아지는 바다를 한없이 달려보아도 좋을 것이다.

김 용 채

농민신문 신춘문예를 통하여 시조시인이 되었고, 이어서 문학평론가 · 소설가로 등단했다. 농민신문 신춘문예 예심위원을 비롯하여 문단의 각급 단체에서 문학활동을 하고 있다. 한국문학신문에 「봉집 김용채의 고시조 산책 100선」을 연재하였고 이것을 평론집으로 묶어내기도 했다.
시조집 : 「숭어, 뛰다」 및 미발표작 시조 1500수와
장편소설 : 「소설 불굴가」 및 미발표 단편소설 20여 편이 있다.

약력

신 강 우

- 전남 고흥 출생
- 시인, 시조시인, 수필가, 소설가
- 〈시조문학〉 시조 등단
- 〈조선문학〉 시 등단
- 〈한겨레문학〉 수필 등단
- 〈문학과 의식〉 소설 등단
- 한국문인협회 회원
- 한국작가회의 회원
- 한국현대시인협회 회원
- 열린시학회 회원
- 한국시조시인협회 회원
- 한국소설가협회 회원
- 세종문학회 회원
- 열린문학상
- 조선시문학상
- 한국시조문학상
- 한국문예 소설 대상
- 대통령표창 수상

폭풍의 바다

인쇄일 2022년 3월 22일
발행일 2022년 3월 22일

지은이 신강우
발행인 김화인
펴낸곳 도서출판 조은
편집인 김진순
주소 서울 중구 을지로20길12 405호(인현동1가, 대성빌딩)
전화 (02)2273-2408
팩스 (02)2272-1391
출판등록 1995년 7월 5일 신고번호 제1995-000098호
ISBN 979-11-91735-26-0
정가 15,000원

♠ 잘못된 책은 바꾸어 드리겠습니다
♠ 이 책의 내용은 신저작권법에 의하여 국제적으로 보호받고 있습니다.
♠ 전재 및 복재를 할 수 없습니다.